친절한 만화로
문자가 쉽게 외워지는

일본어뱅크
펜맨십

황호철 · 신경애 · 이영경 · 김용안 · 이병만 ·
이동욱 · 김수희 · 이시카와 요시카즈 공저

친절한 만화로
문자가 쉽게 외워지는
일본어뱅크
펜맨십

초판 1쇄 | 2009년 8월 20일
초판 2쇄 | 2009년 10월 20일

저자 | 황호철, 신경애, 이영경, 김용안, 이병만,
　　　이동욱, 김수희, 이시카와 요시카즈 공저
발행인 | 김태웅
책임편집 | 김연한, 김선회
일러스트 | GOGUMA
디자인 | 안성민, 차경숙
영업 | 권혁주, 남상조, 나재승, 박종원, 김승인, 박광균
제작 | 이시우

발행처 | 일본어뱅크 · 중국어뱅크
등록 | 제 300-2006-109 호
주소 | 서울시 마포구 서교동 463-16 호 (121-841)
전화 | (02)325-1025
팩스 | (02)334-6624
웹사이트 | http://www.nihongobank.co.kr
　　　　　http://www.dongyangbooks.com

ⓒ 2009 Nihongo Bank
ISBN　978-89-7665-304-8

▶ 본 책은 저작권법에 의해 보호를 받는 저작물이므로 무단 전재와 복제를 금합니다.
▶ 일본어뱅크는 동양북스의 일본어 교재 전문 브랜드입니다.

들어가면서

우리가 흔히 쓰는 말에 '첫 단추를 잘못 끼우면 마지막 단추도 맞지 않는다'는 말이 있습니다. 모든 일에서 시작보다 중요한 것은 없다는 뜻이겠지요. 일본어의 시작인 글자 익히기 역시, 일본어의 기초를 다지는 가장 중요한 단계라고 할 수 있습니다.

이 책은 일본어를 처음 시작하시는 분들을 위해 '히라가나'와 '가타카나'를 쉽고 재미있게 익힐 수 있도록 되어 있습니다. 이 책의 특징은 다음과 같습니다.

1. 만화를 통해 일본어 글자를 좀더 재미있게 공부할 수 있도록 하였습니다.

2. 만화 대사에는 일본어 글자를 살짝 넣어서 일본어 글자가 어떤 발음인지 추측할 수 있게 되어 있습니다. 학습자는 만화만 봐도 자연스럽게 일본어 글자를 읽을 수 있게 됩니다.

3. 일본어 글자의 쓰는 법과 읽는 법을 알려 주면서 그 글자가 들어간 낱말도 함께 익힐 수 있도록 하였습니다. 특히 히라가나 낱말들은 연상기억법을 응용한 만화 대사를 통해 더 쉽고 재미있게 외울 수 있도록 하였습니다.

위와 같은 체계로 되어 있으므로 학습자는 기존 교재보다 더 재미있고 쉽게 일본어 글자인 '가나'를 익힐 수 있을 것입니다.

아무쪼록 이 책이 일본어와 친숙해지는 데 큰 도움이 되기를 바랍니다.

편집부

일본의 고유 글자는 히라가나(ひらがな)와 가타카나(カタカナ)이며, 여기에 중국 글자인 한자를 추가로 쓰고 있습니다.

히라가나(平仮名 : ひらがな)

히라가나는 한자를 바탕으로 일본 헤이안 시대(9세기경)에 궁정의 귀족 여성들이 만든 일본 글자입니다. 일본도 처음에는 중국에서 들어온 한자를 그대로 썼지만, 곧 불편함을 느껴 한자의 뜻과 상관없이 음만 빌어 사용하는 '만요가나(万葉仮名)'를 썼습니다. 하지만 만요가나도 불편하기는 마찬가지였기에, 히라가나가 만들어지게 되었습니다. 히라가나는 한자를 단순한 모양으로 바꿔서 만든 글자이기 때문에 한자와 닮아 있고, 글자가 둥글둥글한 곡선으로 이루어져 있습니다. 이 히라가나는 현대 일본어에서 인쇄, 필기 등 대부분의 경우에서 사용되는 기본 문자입니다.

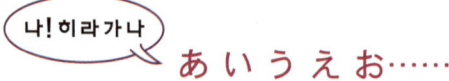

가타카나(片仮名 : カタカナ)

가타카나는 만들어진 시기가 정확하지는 않으나 히라가나와 마찬가지로 헤이안 시대라고 추정되고 있습니다. 한자 획의 일부분을 따서 만들어졌으며, 히라가나와 달리 각지고 딱딱한 느낌을 줍니다. 알파벳의 대문자와 소문자처럼 히라가나와 가타카나는 모양만 다를 뿐, 음은 똑같습니다. 두 글자를 합해서 가나(かな)라고도 하지요. 단, 가타카나는 주로 외래어나 의성어, 의태어, 전보문 또는 강조하고 싶은 경우에만 사용됩니다. 히라가나보다 사용빈도가 적다고 가타카나를 소홀히 배우시는 분도 계신데, 가타카나를 모르면 외래어가 잔뜩 실린 일본 잡지 등을 볼 때 매우 불편합니다. 게다가 가타카나로 된 외래어는 점점 더 늘어나고 있는 추세라서 확실히 공부해 둘 필요가 있습니다.

오십음도(五十音図)

오십음도란 히라가나와 가타카나의 50가지 음을 지도처럼 만들고, 글자 하나 하나에 읽는 방법을 약속한 표기법입니다. 우리나라의 한글 '가, 나, 다, 라, 마, 바, 사'와 같다고 생각하시면 이해가 가실 거예요. 정확히 세어보면 50음이 아닌 46음인데, 원래 있었던 네 글자가 현재에는 사용되지 않아 사라졌습니다. 하지만 46음도라고 하지 않고 관례상 오십음도라고 하지요. 오십음도는 히라가나와 가타카나, 각각 따로 있습니다.

단(段)과 행(行)

아래 그림처럼 가로로 쓰인 다섯 글자씩을 '행(行)'이라고 하고, 세로로 쓰인 글자들을 '단(段)'이라고 합니다. 예를 들어 'あ행'이라고 하면 'あ, い, う, え, お'를 나타내고, 'え단'이라고 하면 'え, け, せ, て, ね, へ, め, れ'를 나타냅니다. 모두 해서 5단 10행입니다.

일본어 글자의 발음 표기에 관해

일본어 초보자들이 발음을 쉽게 익힐 수 있도록 일본어 글자에 우리말 토와 영어식 발음 표기를 달았습니다. 하지만 표기의 한계상 실제 일본어 발음과는 미묘한 차이가 있으니 정확한 발음은 따로 제공되는 MP3를 통해 익히시길 바랍니다. 일본어 발음은 직접 듣고 따라하시는 것이 가장 좋습니다.

♣ 히라가나(ひらがな) 오십음도와 자원(字源)

단\행	あ	い	う	え	お
あ	安あ [a]	以い [i]	宇う [u]	衣え [e]	於お [o]
か	加か [ka]	幾き [ki]	久く [ku]	計け [ke]	己こ [ko]
さ	左さ [sa]	之し [si]	寸す [su]	世せ [se]	曽そ [so]
た	太た [ta]	知ち [chi]	川つ [tsu]	天て [te]	止と [to]
な	奈な [na]	仁に [ni]	奴ぬ [nu]	祢ね [ne]	乃の [no]
は	波は [ha]	比ひ [hi]	不ふ [hu]	部へ [he]	保ほ [ho]
ま	末ま [ma]	美み [mi]	武む [mu]	女め [me]	毛も [mo]
や	也や [ya]		由ゆ [yu]		与よ [yo]
ら	良ら [ra]	利り [ri]	留る [ru]	礼れ [re]	呂ろ [ro]
わ	和わ [wa]				遠を [wo]
	无ん [n]				

♣ 가타카나(カタカナ) 오십음도와 자원(字源)

단 행	ア	イ	ウ	エ	オ
ア	阿ア [a]	伊イ [i]	宇ウ [u]	江エ [e]	於オ [o]
カ	加カ [ka]	幾キ [ki]	久ク [ku]	介ケ [ke]	己コ [ko]
サ	散サ [sa]	之シ [si]	須ス [su]	世セ [se]	曽ソ [so]
タ	多タ [ta]	千チ [chi]	川ツ [tsu]	天テ [te]	止ト [to]
ナ	奈ナ [na]	二ニ [ni]	奴ヌ [nu]	祢ネ [ne]	乃ノ [no]
ハ	八ハ [ha]	比ヒ [hi]	不フ [hu]	部ヘ [he]	保ホ [ho]
マ	万マ [ma]	三ミ [mi]	牟ム [mu]	女メ [me]	毛モ [mo]
ヤ	也ヤ [ya]		由ユ [yu]		与ヨ [yo]
ラ	良ラ [ra]	利リ [ri]	流ル [ru]	礼レ [re]	呂ロ [ro]
ワ	和ワ [wa]				乎ヲ [wo]
	尓ン [n]				

목차

- **003** 들어가면서
- **004** 일본의 글자
- **006** 오십음도와 자원
- **009** **01** 히라가나 청음
- **067** **02** 가타카나 청음
- **125** **03** 탁음과 반탁음
- **137** **04** 요음
- **149** **05** 쓰기 연습

01 히라가나 청음
ひらがな 清音

청음은 탁점(゛)이나 반탁점(゜)이 붙지 않은 글자를 말합니다.

あ행 あ い う え お

일본어의 모음은 あ い う え お가 전부입니다. 일본 사람이 '오'와 '어', '우'와 '으' 발음을 구별 못하는 까닭은 바로 모음이 다섯 개밖에 없기 때문입니다. あ い う え お 발음은 우리말과 거의 비슷해서 비교적 수월하게 할 수 있지만, う 발음은 발음법이 우리와 다르니 주의해야 합니다.

★ 대사를 읽고 일본어 글자의 발음이 무엇인지 맞춰보세요.

あ저씨 이거 얼마예요?

い거? 3만원.

う와! 너무 비싸요!
え누리 좀 해줘요.

お늘도 또?

아[a]

あい [ai] 사랑

우리말의 '아' 발음과 거의 같습니다. 단, 뒤에서 배울 '와' 발음과 확실히 구분되도록 주의해서 발음하세요.

써봐요 ー ナ あ

あ	あ				
あ	あ				
あ	あ				
あ	あ				
あ	あ				

11

이 에
いえ [ie] 집

여기가
우리 **집いえ**요.

이[i]

발음 우리말의 '이' 발음과 거의 같습니다. 우리나라 사람은 거의 틀릴 일 없는 발음이죠.

써봐요 い い

い	い				
い	い				
い	い				
い	い				
い	い				

うえ [ue] 위

우[u]

발음 あ행에서 가장 주의해야 할 발음입니다. 우리말의 '우' 발음은 입술을 둥글게 한 뒤 쭈욱 내밀어서 발음하지만, 일본어의 う 발음은 입술을 둥글게 하지 않고 약간만 내밀어서 부드럽게 발음합니다.

써봐요

え[e] 그림

에[e]

え는 '애'와 '에'의 중간 발음입니다. え는 '그림'이라는 뜻도 있고, 뭔가 뜻밖의 말을 들었을 때 え라고 반문하기도 합니다. 이때는 끝을 올려서 발음합니다.

써봐요

오
おう [o:] 왕

오[o]

발음 お는 '오'와 거의 비슷하지만, 입술을 내밀지 않고 발음합니다. 또, おう(왕)처럼 お 뒤에 う가 오는 낱말에서는 뒤의 う가 お로 발음됩니다.

써봐요 お お

お	お				
お	お				
お	お				
お	お				
お	お				

か행 か き く け こ

かきくけこ는 보통 '카 키 쿠 케 코'로 발음하는데, 사실은 'ㄱ'과 'ㅋ'의 중간 발음 정도로 약하게 발음해야 합니다. 단, 단어의 중간이나 끝에 か행이 올 경우는 '까 끼 꾸 께 꼬'로 발음하는 것이 좋습니다. き의 경우, 고딕체 き와 교과서체 き가 모양이 조금 다른데, 쓸 때는 き로 쓰는 것이 맞습니다.

★ 대사를 읽고 일본어 글자의 발음이 무엇인지 맞춰보세요.

か는 '카'나 'ka'로 표기하지만, 사실은 '가'와 '카'의 중간 발음으로 발음해야 합니다. 실제 일본 사람들 발음을 들어보시면 '카'보다는 약하지요. 또 か가 단어의 중간이나 끝에 올 경우는 '까'로 발음합니다.

써봐요 フ カ か

か	か					
か	か					
か	か					
か	か					
か	か					

き [ki] 나무

키[ki]

か와 마찬가지로 '기'보다는 강하게, '키'보다는 약하게 발음합니다.

발음

써봐요 ー = き き

く [ku] 9, 아홉

쿠[ku]

く키 아홉 개

발음 우리말 '구'와 '쿠'의 중간 발음입니다.

써봐요 く

19

け [ke] 털

케[ke]

발음 우리말 '게'와 '케'의 중간 발음입니다.

써봐요 ㅣ ㅑ け

け	け					
け	け					
け	け					
け	け					
け	け					

こ [ko] 아이

코[ko]

우리말 '고'와 '코'의 중간 발음입니다.

써봐요

さ행 さ し す せ そ

さしすせそ의 발음은 우리말 '사 시 스 세 소'와 같지만 す는 '수'와 '스'의 중간 발음으로 '수'보다는 '스'에 가깝게 발음됩니다. さ의 경우, 고딕체 さ와 교과서체 さ가 모양이 조금 다른데, 쓸 때는 さ로 쓰는 것이 맞습니다.

★ 대사를 읽고 일본어 글자의 발음이 무엇인지 맞춰보세요.

さ 귀자!
し 큰둥~
す 케줄이 바빠서 이만.
せ 번째 차였다…….
そ 개팅은 나랑 맞지 않아.

사[sa]

발음 우리말 '사'와 발음이 거의 같습니다.

써봐요 さ さ

し [si] 4, 넷

시[si]

발음: '시'보다는 '쉬'에 가깝게 발음하며, 발음할 때 혀가 아랫쪽으로 붙어야 합니다. し는 4라는 뜻도 있고 '죽을 死'를 뜻하기도 합니다. 우리말과 같죠.

써봐요 し

すき [suki] 좋아함

스[su]

'수' 보다는 '스'에 가깝게 발음합니다.

써봐요 一 す

せき [seki] 자리
세 키

세[se]

우리말 '세'와 발음이 같습니다.

발음

써봐요 一 ナ せ

せ	せ				
せ	せ				
せ	せ				
せ	せ				
せ	せ				

そう [so:] 그래

소[so]

발음 우리말 '소'와 발음이 같습니다. そ 뒤에 오는 う는 '우'가 아닌 '오'로 발음됩니다.

써봐요 そ

そ	そ				
そ	そ				
そ	そ				
そ	そ				
そ	そ				

た행 た ち っ て と

たちつてと 중에서 ち와 つ 발음에 주의해야 합니다. 특히 つ 발음은 의식해서 발음하지 않으면 일본인이 듣기에 어색하게 들립니다.

★ 대사를 읽고 일본어 글자의 발음이 무엇인지 맞춰보세요.

た [ta] 논

타[ta]

발음 우리말 '타'에 가까운 발음이지만, 단어의 중간이나 끝에 올 때는 '따'에 가깝게 발음합니다.

써봐요 一 ナ た た

た	た					
た	た					
た	た					
た	た					
た	た					

ち [chi] 피

치[chi]

발음 chi라고 표기하는데 '치'보다는 '찌'에 좀더 가깝습니다.

써봐요 ち

つえ [tsue] 지팡이
츠 에

츠[tsu]

발음 혀 끝부분을 앞니 뒷면과 잇몸이 맞닿아 있는 경계선 부분에 살짝 댄 상태에서 혀로 살짝 차면서 '쯔'라고 발음합니다. 작은 っ로 쓰는 경우에는 뒤에 오는 음에 따라서 'ㄱ, ㅂ, ㅅ' 받침으로 발음합니다.

써봐요 つ

て [te] 손

테[te]

발음 '테'와 '데'의 중간 발음이지만 '테'에 좀더 가깝습니다. 단어의 중간이나 끝에 올 때는 '떼'에 가깝게 발음합니다.

써봐요 て

て	て				
て	て				
て	て				
て	て				
て	て				

とき [toki] 때

토[to]

우리말 '토'와 '도'의 중간 발음이지만, '토'에 좀더 가깝습니다. 단어의 중간이나 끝에 올 때는 '또'에 가깝게 발음합니다.

써봐요 と

と	と				
と	と				
と	と				
と	と				
と	と				

な행 な に ぬ ね の

なにぬねの 발음은 우리말 '나 니 누 네 노'와 거의 비슷합니다. 단, ぬ와 ね가 모양이 비슷하니 헷갈리지 않도록 주의하세요.

★ 대사를 읽고 일본어 글자의 발음이 무엇인지 맞춰보세요.

な 나[na]

ない [nai] 없다

사랑에는 ない가 없다.

발음 な는 우리말 '나'와 발음이 거의 같습니다.

써봐요 ⸺ ナ か な

な	な				
な	な				
な	な				
な	な				
な	な				

に [ni] 2, 둘

니[ni]

に는 우리말 '니'와 발음이 거의 같습니다.

써봐요 し に に

に	に				
に	に				
に	に				
に	に				
に	に				

ぬし [nusi] 주인, 임자

누[nu]

ぬ는 우리말 '누'와 발음이 거의 같습니다.

써봐요 ぬ

ぬ	ぬ				
ぬ	ぬ				
ぬ	ぬ				
ぬ	ぬ				
ぬ	ぬ				

ねこ [neko] 고양이

네[ne]

발음 ね는 우리말 '네'와 발음이 거의 같습니다.

써봐요 ね

ね	ね				
ね	ね				
ね	ね				
ね	ね				
ね	ね				

のり [nori] 김

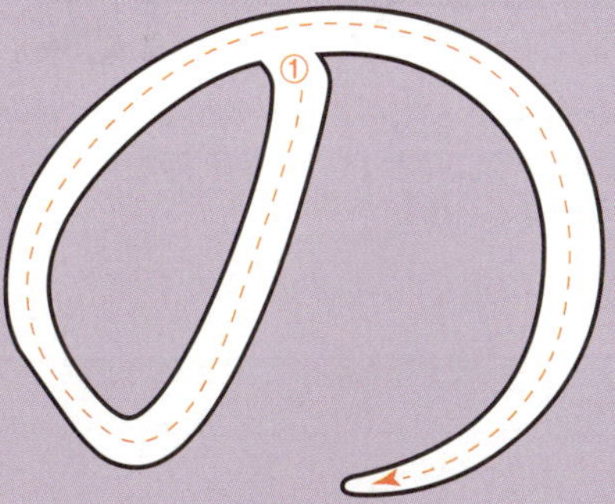

の

노[no]

내 김 のり지 마!

の는 우리말 '노'와 발음이 거의 같습니다.

발음

써봐요

の	の				
の	の				
の	の				
の	の				
の	の				

は행 は ひ ふ へ ほ

は ひ ふ へ ほ는 우리말 발음과 비슷해서 어렵지 않게 읽을 수 있습니다. 단, 'h' 음을 좀더 세게 내서 あ い う え お와 확실히 구별이 되도록 발음하시는 것이 좋습니다.

★ 대사를 읽고 일본어 글자의 발음이 무엇인지 맞춰보세요.

は지마!

ひ히, 재밌잖아.

ふ회 한다, 너.

へ헤헷! 받아라!

ほ기심이 지나치면 화를 부르지.

はこ [hako] 상자

하[ha]

は는 우리말 '하'와 발음이 거의 같습니다.

써봐요 ｜ ｜こ は

は	は				
は	は				
は	は				
は	は				
は	は				

ひ
[hi] 불

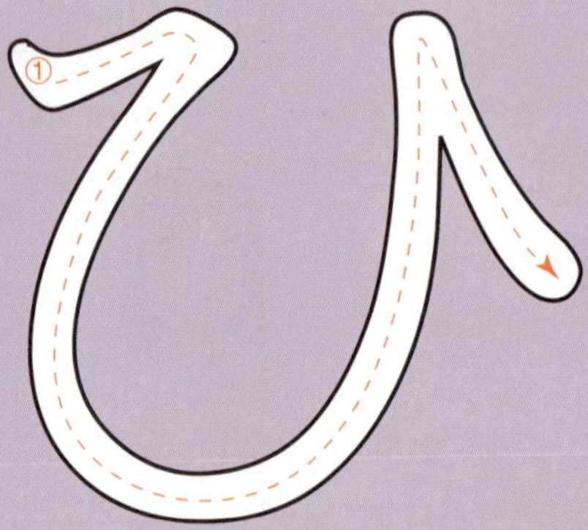

히[hi]

불이 잘 붙네!
ひひひ

ひ는 우리말 '히'와 발음이 거의 같습니다.

써봐요 ひ

ひ	ひ				
ひ	ひ				
ひ	ひ				
ひ	ひ				
ひ	ひ				

후에
ふえ [hue] 피리

후[hu]

ふ는 우리말 '후'와 발음이 거의 같습니다.

발음

써봐요　ふ　ふ　ふ

ふ	ふ					
ふ	ふ					
ふ	ふ					
ふ	ふ					
ふ	ふ					

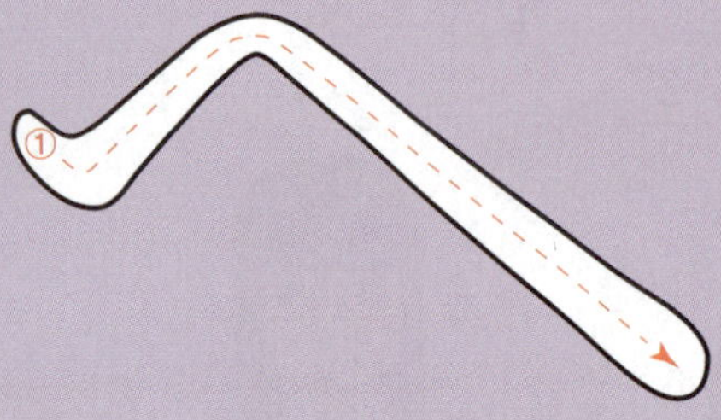

へび [hebi] 뱀

뱀이 へび급 선수를 물었다.

헤[he]

발음: へ는 우리말 '헤'와 발음이 거의 같습니다.

써봐요 へ

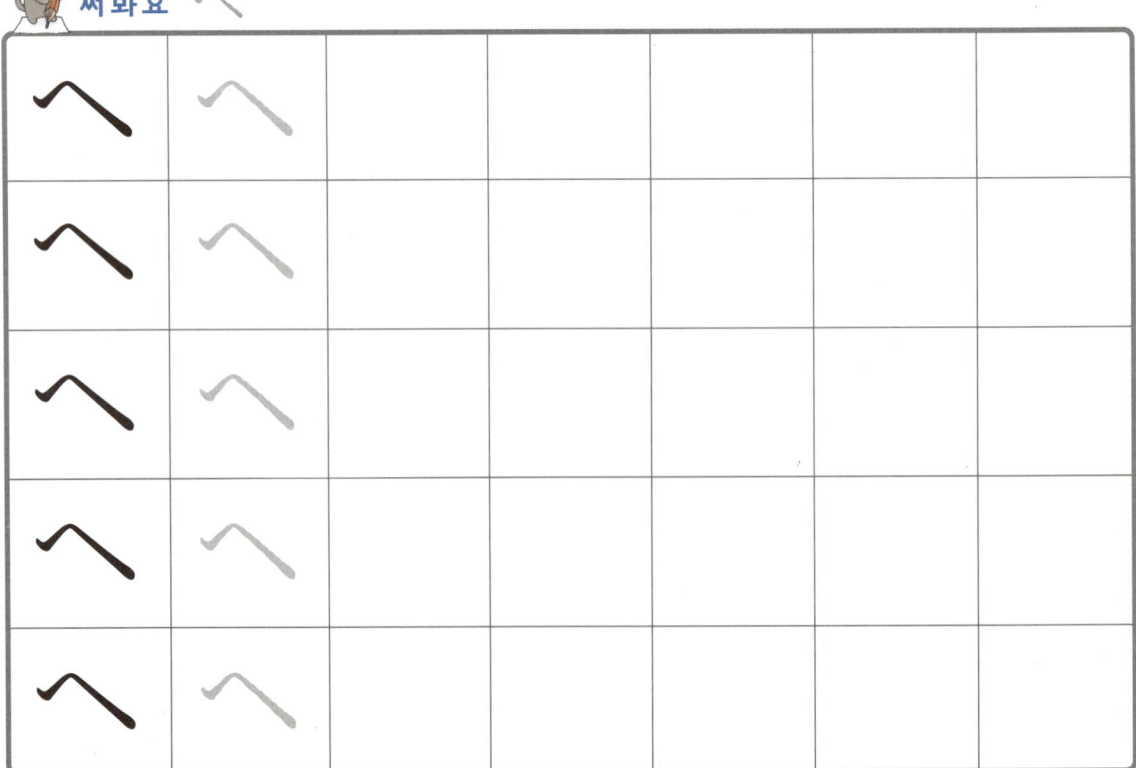

ほは 우리말 '호'와 발음이 거의 같습니다.

써봐요 l に に ほ

ま행 まみむめも

まみむめも에는 그다지 힘든 발음이 없습니다. 단, 앞에서 배운 ぬ와 め가 모양이 아주 비슷하니 확실히 구별해서 외우세요.

★ 대사를 읽고 일본어 글자의 발음이 무엇인지 맞춰보세요.

마[ma]

まち [machi] 마을

ま는 우리말 '마'와 발음이 거의 같습니다.

써봐요 一 二 ま

ま	ま				
ま	ま				
ま	ま				
ま	ま				
ま	ま				

미 치
みち [michi] 길

미[mi]

みは 우리말 '미'와 발음이 거의 같습니다.

발음

써봐요 み み

み	み				
み	み				
み	み				
み	み				
み	み				

무 시
むし [musi] 무시

무[mu]

발음 む는 우리말 '무'와 발음이 거의 같습니다.

써봐요 ー む む

む	む				
む	む				
む	む				
む	む				
む	む				

め는 우리말 '메'와 발음이 거의 같습니다. な행의 ぬ와 헷갈리지 않도록 주의하세요.

써봐요 め

모[mo]

も는 우리말 '모'와 발음이 거의 같습니다.

써봐요 し も も

も	も				
も	も				
も	も				
も	も				
も	も				

 や　　　　　ゆ　　　　　よ

や　ゆ　よ는 우리말 '야, 유, 요'와 똑같이 발음하셔도 통합니다.

★ 대사를 읽고 일본어 글자의 발음이 무엇인지 맞춰보세요.

や식 먹을까?

ゆ부초밥 어때?

よ 앞에 있으니까 나가자!

や [ya] 화살

야[ya]

や는 우리말 '야'와 발음이 같습니다.

써봐요 つ う や

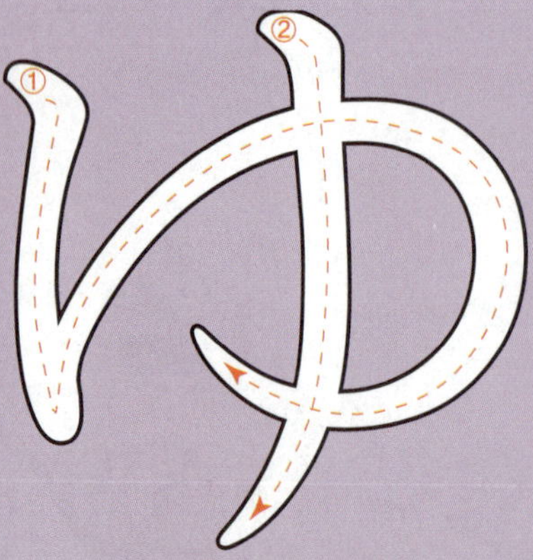

유
ゆ [yu] 더운 물, 목욕물

유[yu]

더운물 있어ゆ?

발음 ゆ는 우리말 '유'와 거의 같지만, 입술을 앞으로 내밀지 않고 발음합니다.

써봐요

ゆ	ゆ					
ゆ	ゆ					
ゆ	ゆ					
ゆ	ゆ					
ゆ	ゆ					

よ う い
ようい [yo:i] 준비

요[yo]

よ는 우리말 '요'와 거의 같지만, 입술을 앞으로 내밀지 않고 발음합니다.
よ 뒤에 오는 う는 '우'로 발음하지 않고 앞의 よ를 길게 빼서 발음합니다.

써봐요   よ

よ	よ				
よ	よ				
よ	よ				
よ	よ				
よ	よ				

ら행 ら り る れ ろ

らりるれろ는 우리말의 '라 리 루 레 로'에 가깝습니다. 발음을 r로 표기는 하지만 영어의 r처럼 혀를 굴리지는 않습니다.

★ 대사를 읽고 일본어 글자의 발음이 무엇인지 맞춰보세요.

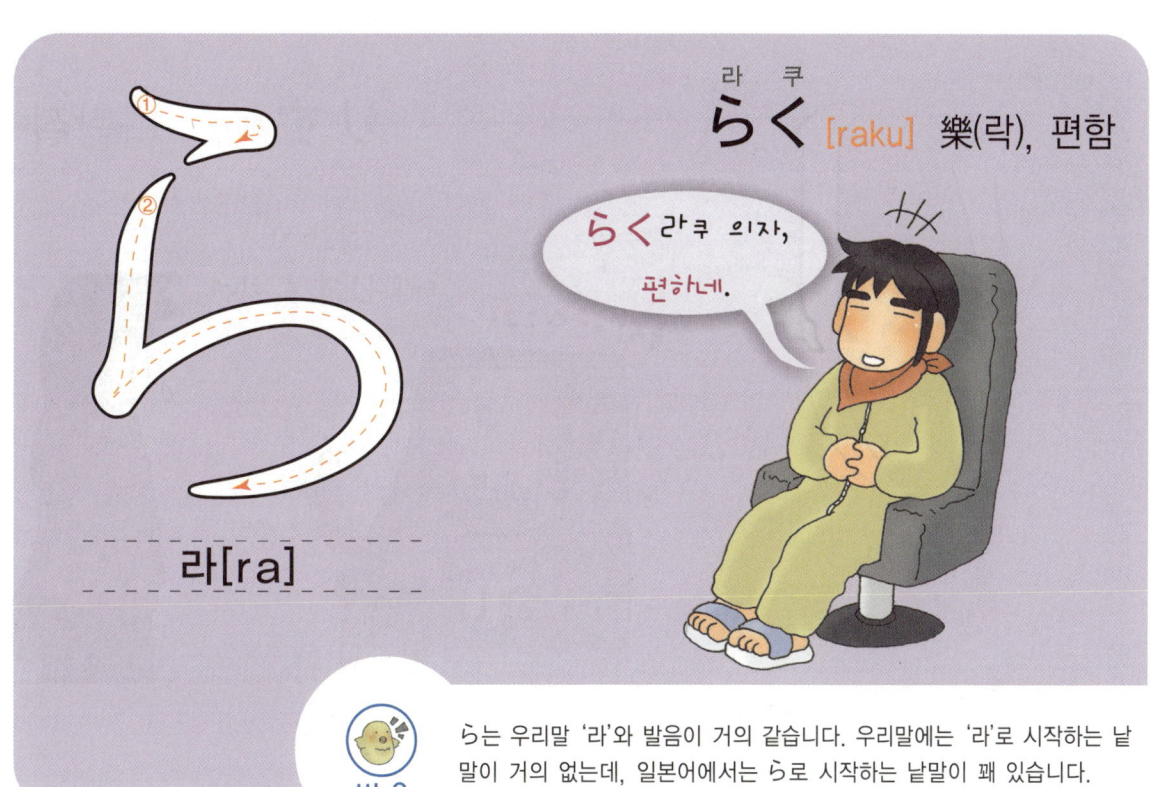

라[ra]

발음 ら는 우리말 '라'와 발음이 거의 같습니다. 우리말에는 '라'로 시작하는 낱말이 거의 없는데, 일본어에서는 ら로 시작하는 낱말이 꽤 있습니다.

🖊️ 써봐요 ら

ら	ら				
ら	ら				
ら	ら				
ら	ら				
ら	ら				

57

り
리[ri]

り す [risu] 다람쥐

り는 우리말 '리'와 발음이 거의 같습니다.

써봐요 り　り

り	り				
り	り				
り	り				
り	り				
り	り				

루[ru]

る**す** [rusu] 집을 비움, 부재중

る는 우리말 '루'와 발음이 거의 같습니다.

써봐요 る

れつ [retsu] 줄, 열

레[re]

れ는 우리말 '레'와 발음이 거의 같습니다.

써봐요

ろ [ro] ~路(로), 길, 도로

ろ는 우리말 '로'와 발음이 거의 같습니다.

써봐요 ろ

わ행과 ん

わ を ん

を는 앞에서 배운 お와 발음이 똑같지만, '~을/를'이라는 뜻의 조사로만 쓰입니다. ん은 '응'이라고 읽으며, 낱말 안에서는 우리말의 받침(ㄴ, ㅁ, ㅂ)과 같은 역할을 합니다.

★ 대사를 읽고 일본어 글자의 발음이 무엇인지 맞춰보세요.

와
わ [wa] 고리

わ
와[wa]

고리わ
고리를 연결!

발음 わ는 우리말 '와'와 비슷하지만, 입 모양을 크게 바꾸지 않고 부드럽게 발음하는 것이 자연스럽습니다.

써봐요 わ

わ	わ					
わ	わ					
わ	わ					
わ	わ					
わ	わ					

を는 お(오)와 발음이 똑같지만, 조사로만 사용됩니다.

써봐요 一 ナ を

ん[n] 응

응[n]

ん은 '응'이라고 읽지만, 낱말의 처음에 오는 경우는 거의 없고, 다른 음 뒤에 붙어서 'ㅁ, ㄴ, ㅇ' 받침으로 발음됩니다.

써봐요 ん

ん	ん					
ん	ん					
ん	ん					
ん	ん					
ん	ん					

혼동하기 쉬운 히라가나

[nu]

[me]

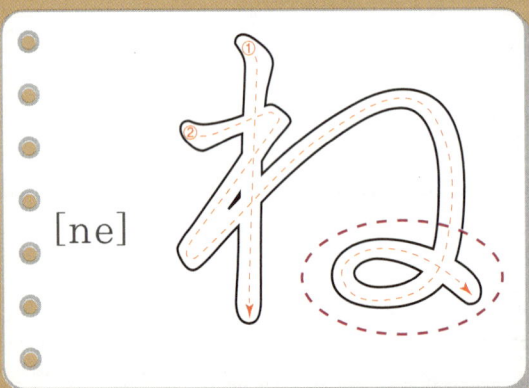
[ne]

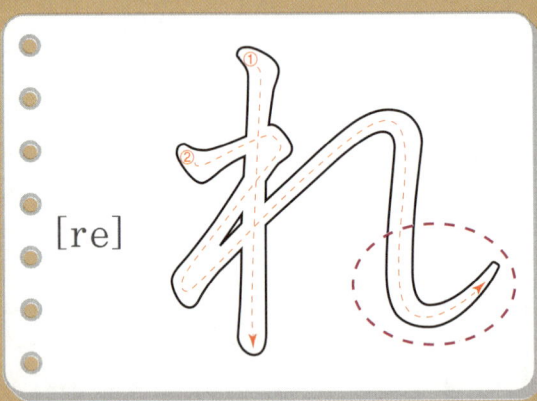
[re]

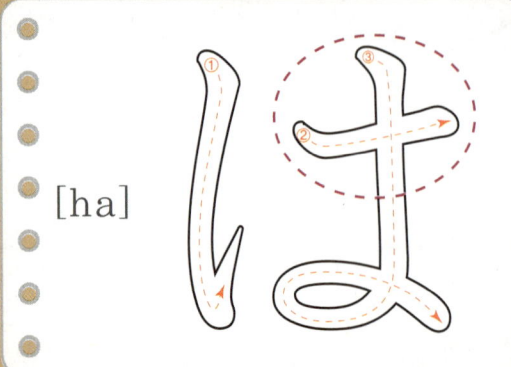
[ha]

[ho]

02 가타카나 청음
カタカナ 清音

가타카나는 주로 외래어나 의성어, 의태어에 쓰이며, 특별히 말을 강조하고 싶을 때도 씁니다.

ア행 ア イ ウ エ オ

히라가나로는 이렇게

あ い う え お

★ 대사를 읽고 일본어 글자의 발음이 무엇인지 맞춰보세요.

アイ [ai] 눈(eye)

아[a]

발음 우리말의 '아' 발음과 거의 같습니다. 단, '와' 발음과 확실히 구분이 되도록 발음해야 하며, 들을 때도 혼동하지 않도록 주의합시다.

써봐요

イカ [ika] 오징어

이[i]

발음 우리말의 '이' 발음과 거의 같습니다. 우리나라 사람은 거의 틀릴 일 없는 발음이죠.

써봐요 ノ イ

우 에 아
ウエア [uea] 웨어, 옷

우[u]

발음 우리말의 '우' 발음은 입술을 둥굴게 한 뒤 쭈욱 내밀어서 발음하지만, 일본어의 ウ 발음은 입술을 둥굴게 하지 않고 약간만 내밀어서 부드럽게 발음합니다.

써봐요 ` ´ ウ

ウ	ウ				
ウ	ウ				
ウ	ウ				
ウ	ウ				
ウ	ウ				

エア [ea] 공기

에[e]

발음 エ는 '애'와 '에'의 중간 발음입니다.

써봐요 ー 丁 エ

オイ [oi] 이봐, 야

오[o]

발음 オ는 '오'와 거의 비슷하지만, 입술을 내밀지 않고 발음합니다.

써봐요 一 ナ オ

オ	オ				
オ	オ				
オ	オ				
オ	オ				
オ	オ				

カ행 カ キ ク ケ コ

히라가나로는 이렇게
か き く け こ

★ 대사를 읽고 일본어 글자의 발음이 무엇인지 맞춰보세요.

カー [ka:] 자동차

카[ka]

발음 カ는 우리말 '가'와 '카'의 중간 발음입니다.

써봐요 フ カ

カ	カ				
カ	カ				
カ	カ				
カ	カ				
カ	カ				

キー
キー [ki:] 열쇠

키[ki]

발음 キ는 우리말 '기'와' 키'의 중간 발음입니다.

써봐요 一 二 キ

オーク [o:ku] 떡갈나무

쿠[ku]

발음 ク는 우리말 '구'와 '쿠'의 중간 발음입니다.

써봐요 ノク

ク	ク				
ク	ク				
ク	ク				
ク	ク				
ク	ク				

ケーキ [ke:ki] 케이크

케[ke]

ケ는 우리말 '게'와 '케'의 중간 발음입니다.

써봐요 ノ ト ケ

코 코 아
ココア [kokoa] 코코아

코[ko]

그는 우리말 '고'와 '코'의 중간 발음입니다.

써봐요 ㄱ ㄱ

サ행 サ シ ス セ ソ

히라가나로는 이렇게
さ し す せ そ

★ 대사를 읽고 일본어 글자의 발음이 무엇인지 맞춰보세요.

サ 소하고
シ 시한 일만 하다가
ス 트레스 받아서
セ 수 하면서
ソ 리 없이 울었네.

エサ [esa] 먹이

사[sa]

발음 サ는 우리말 '사'와 발음이 거의 같습니다. エサ는 강조하는 경우를 제외하면, 히라가나 えさ로 쓰는 것이 보통입니다.

써봐요 一 十 サ

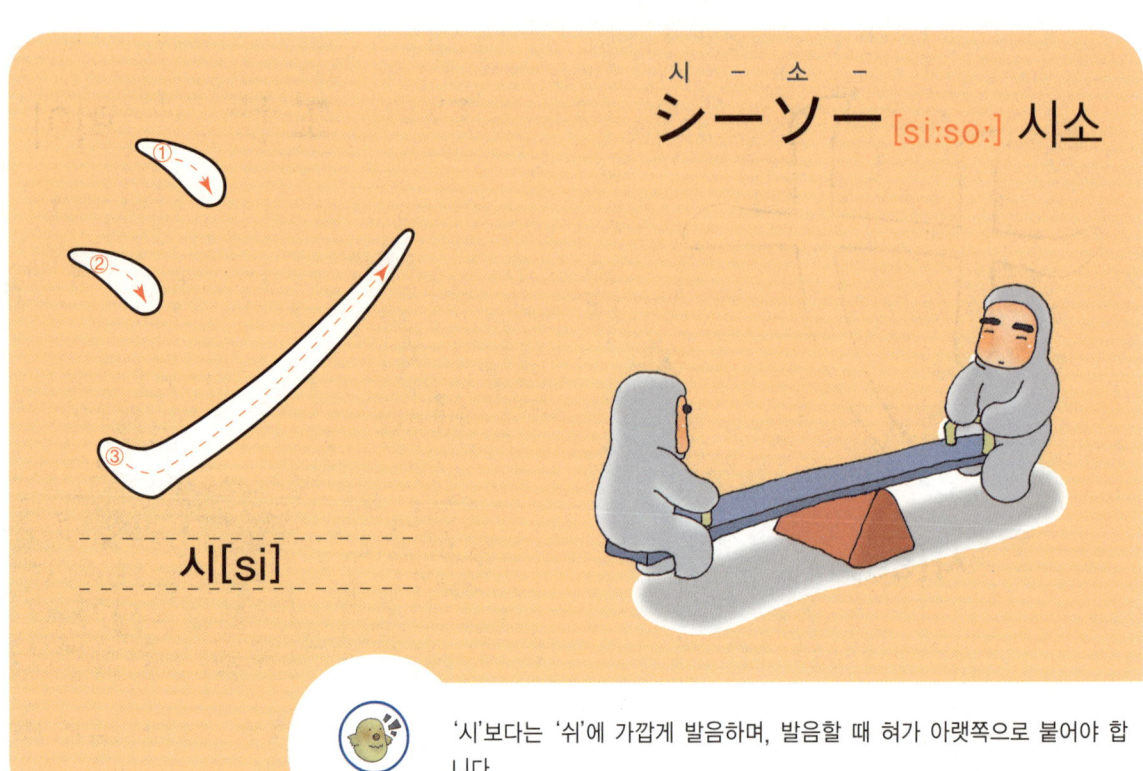

シーソー [si:so:] 시소

시[si]

발음 '시'보다는 '쉬'에 가깝게 발음하며, 발음할 때 혀가 아랫쪽으로 붙어야 합니다.

써봐요

スキー [suki:] 스키

스[su]

스는 '수'보다는 '스'에 가깝게 발음합니다.

써봐요 フ ス

ス	ス				
ス	ス				
ス	ス				
ス	ス				
ス	ス				

セクシー [sek si:] 섹시
섹 - 시 -

세[se]

발음 せ는 우리말 '세'와 발음이 같습니다. セクシー는 '세쿠시'라고 읽기보다는 편의상 '섹시'라고 발음합니다.

써봐요 ㄱ セ

セ	セ				
セ	セ				
セ	セ				
セ	セ				
セ	セ				

ソ는 우리말 '소'와 발음이 같습니다.

써봐요 ソ

ソ	ソ					
ソ	ソ					
ソ	ソ					
ソ	ソ					
ソ	ソ					

タ행 タ チ ツ テ ト

히라가나로는 이렇게

た　ち　つ　て　と

★ 대사를 읽고 일본어 글자의 발음이 무엇인지 맞춰보세요.

타[ta]

タクシー [tak si:] 택시
(탁 - 시 -)

발음 우리말 '타'에 가까운 발음이지만, 단어의 중간이나 끝에 올 때는 '따'에 가깝게 발음합니다. タクシー는 '타쿠시'라고 읽기보다는 편의상 '탁시'라고 발음합니다.

써봐요　ノ　ク　タ

タ	タ				
タ	タ				
タ	タ				
タ	タ				
タ	タ				

チーター [chi:ta:] 치타

치[chi]

チ는 chi라고 표기하는데 '치'보다는 '찌'에 좀더 가깝습니다.

발음

써봐요 ー ニ チ

チ	チ				
チ	チ				
チ	チ				
チ	チ				
チ	チ				

ツアー [tsu a:] 투어, 관광

츠[tsu]

발음 혀 끝부분을 앞니 뒷면과 잇몸이 맞닿아 있는 경계선 부분에 살짝 댄 상태에서 혀로 살짝 차면서 '쯔'라고 발음합니다. 작은 ッ로 쓰는 경우에는 뒤에 오는 음에 따라서 'ㄱ, ㅂ, ㅅ' 받침으로 발음합니다.

써봐요 ヽ ヾ ツ

ツ	ツ				
ツ	ツ				
ツ	ツ				
ツ	ツ				
ツ	ツ				

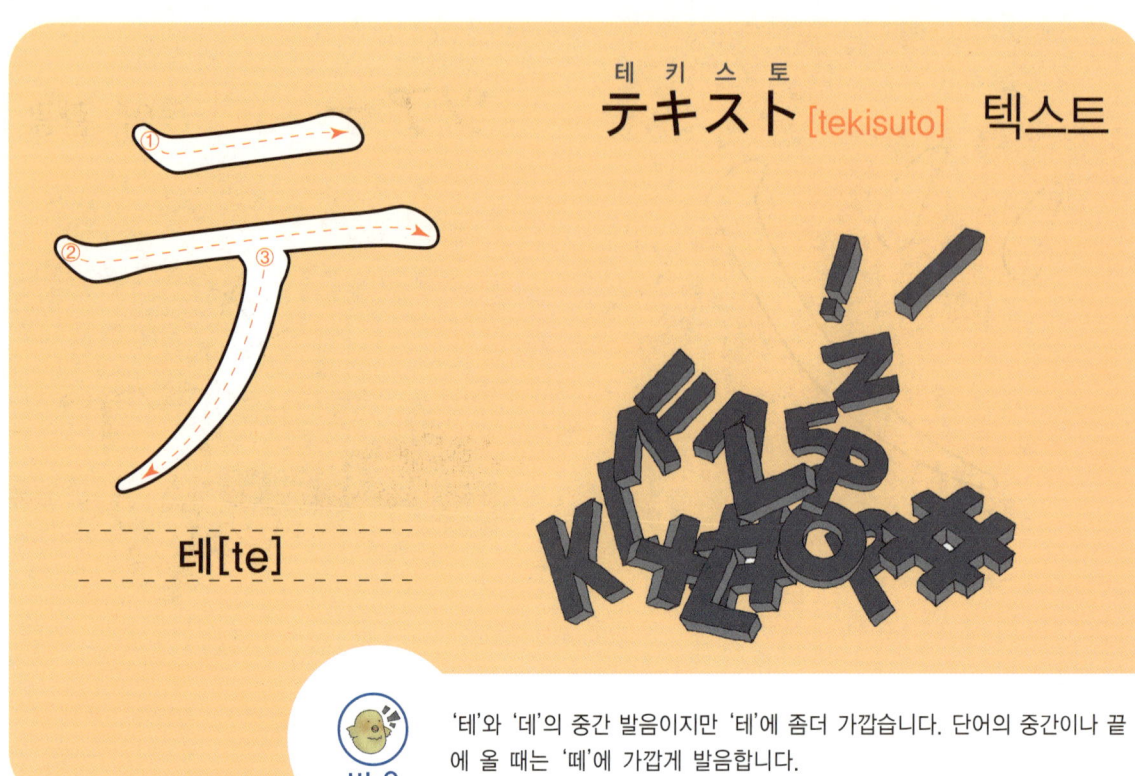

テキスト [tekisuto] 텍스트

테[te]

발음 '테'와 '데'의 중간 발음이지만 '테'에 좀더 가깝습니다. 단어의 중간이나 끝에 올 때는 '떼'에 가깝게 발음합니다.

써봐요 　 ー　ニ　テ

テ	テ					
テ	テ					
テ	テ					
テ	テ					
テ	テ					

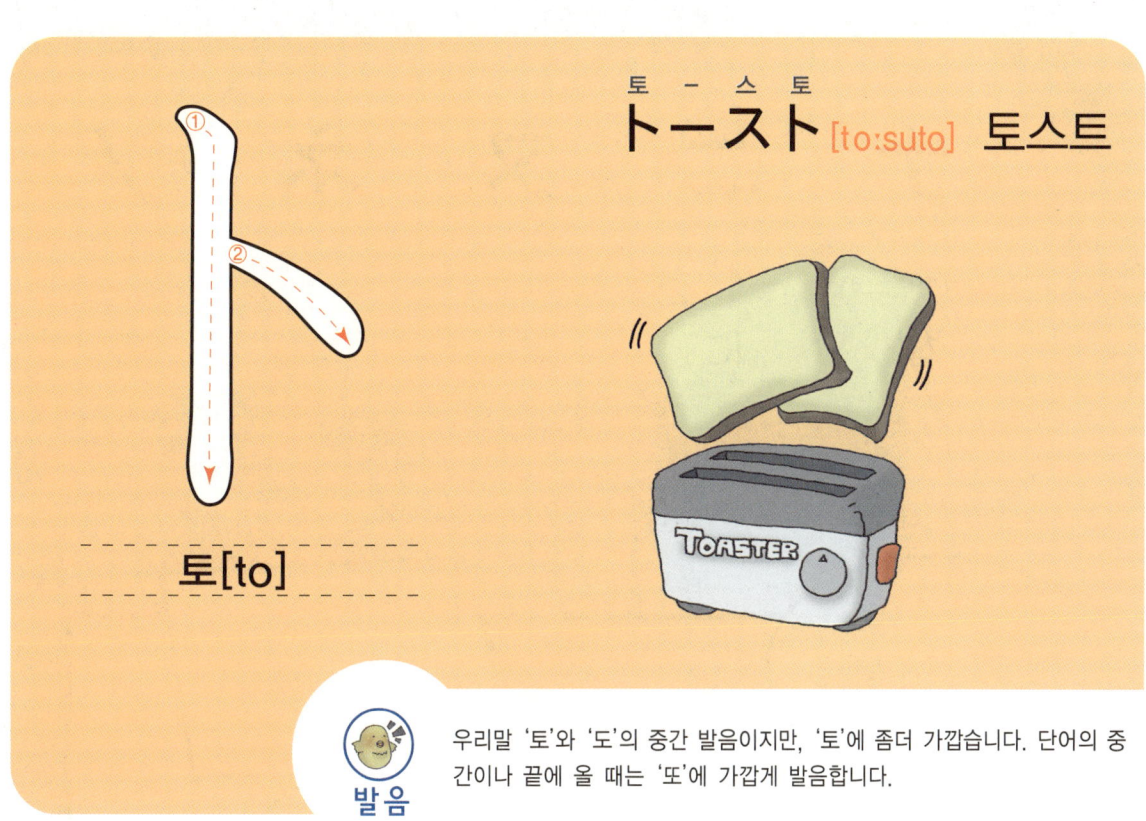

トースト [to:suto] 토스트

토[to]

발음 우리말 '토'와 '도'의 중간 발음이지만, '토'에 좀더 가깝습니다. 단어의 중간이나 끝에 올 때는 '또'에 가깝게 발음합니다.

써봐요 ト ト

ト	ト				
ト	ト				
ト	ト				
ト	ト				
ト	ト				

ナ행 ナ ニ ヌ ネ ノ

히라가나로는 이렇게

な に ぬ ね の

★ 대사를 읽고 일본어 글자의 발음이 무엇인지 맞춰보세요.

ナ는 우리말 '나'와 발음이 거의 같습니다.

써봐요 一 ナ

ニコニコ
ニコニコ [nikoniko] 생글생글

니[ni]

발음 二는 우리말 '니'와 발음이 거의 같습니다.

🐭 **써봐요** 二 二

二	二				
二	二				
二	二				
二	二				
二	二				

カヌー [kanu:] 카누

누[nu]

ヌ는 우리말 '누'와 발음이 거의 같습니다.

써봐요 フ ヌ

ヌ	ヌ				
ヌ	ヌ				
ヌ	ヌ				
ヌ	ヌ				
ヌ	ヌ				

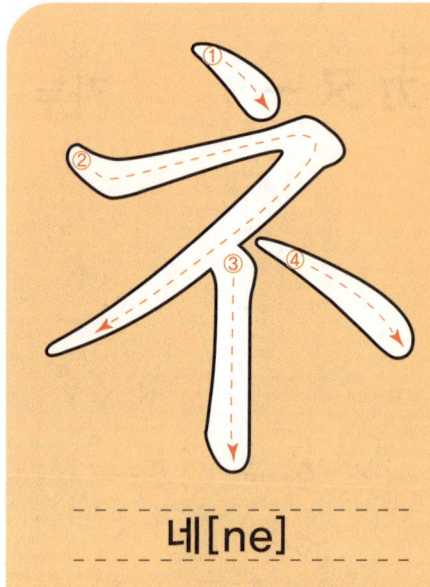

넥 - 타 이
ネクタイ [nektai] 넥타이

네[ne]

 발음

ネ는 우리말 '네'와 발음이 거의 같습니다. ネクタイ는 '네쿠타이'라고 읽기보다는 편의상 '넥타이'라고 발음합니다.

 써봐요　`　ラ　ネ　ネ

ネ	ネ				
ネ	ネ				
ネ	ネ				
ネ	ネ				
ネ	ネ				

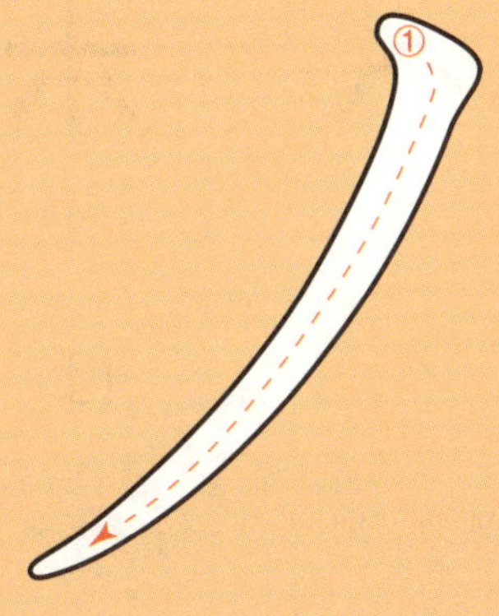

ノ　ー　ト
ノート [no:to] 노트

노[no]

발음 ノ는 우리말 '노'와 발음이 거의 같습니다.

써봐요 ノ

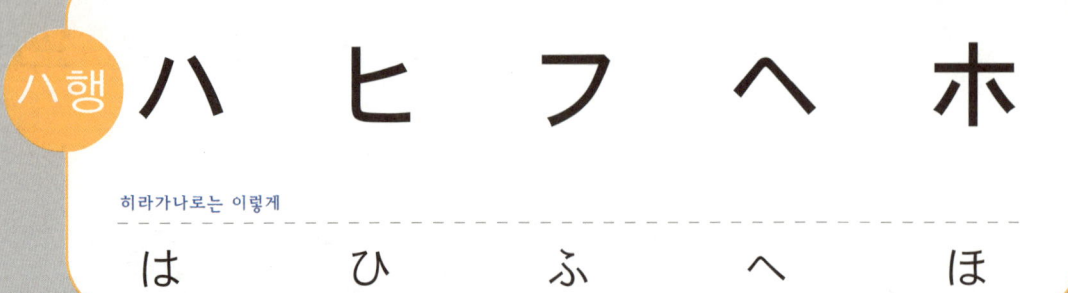

★ 대사를 읽고 일본어 글자의 발음이 무엇인지 맞춰보세요.

하 - 모 니 카
ハーモニカ [ha:monika] 하모니카

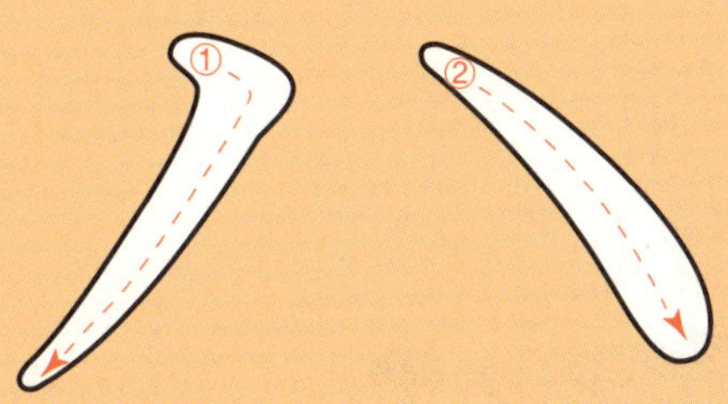

하[ha]

발음 ハ는 우리말 '하'와 발음이 거의 같습니다.

써봐요 ハ ハ

ハ	ハ				
ハ	ハ				
ハ	ハ				
ハ	ハ				
ハ	ハ				

99

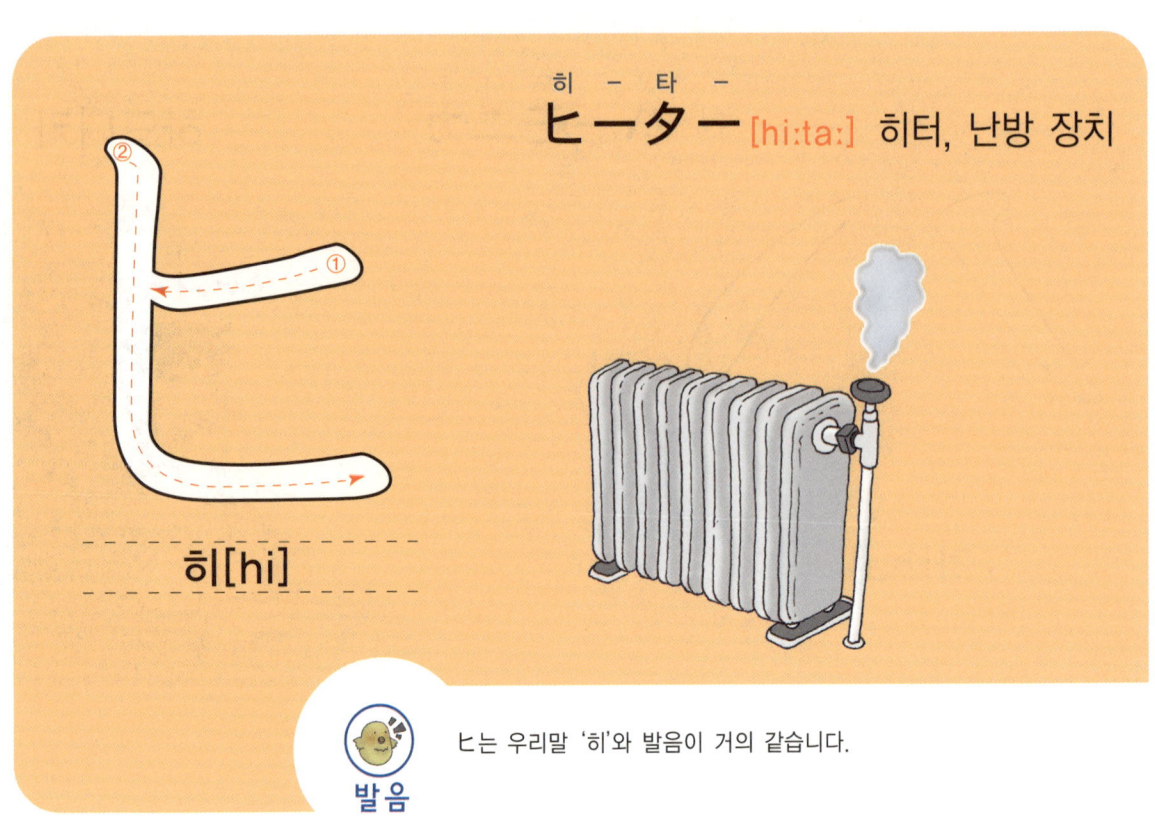

ヒーター [hi:ta:] 히터, 난방 장치

히[hi]

발음 ヒ는 우리말 '히'와 발음이 거의 같습니다.

써봐요 ー ヒ

フタ [huta] 뚜껑, 덮개

후[hu]

발음 フ는 우리말 '후'와 발음이 거의 같습니다. フタ는 강조하는 경우를 제외하면, 히라가나 ふた로 쓰는 것이 보통입니다.

써봐요 フ

ヘア [hea] 헤어, 머리카락
헤 아

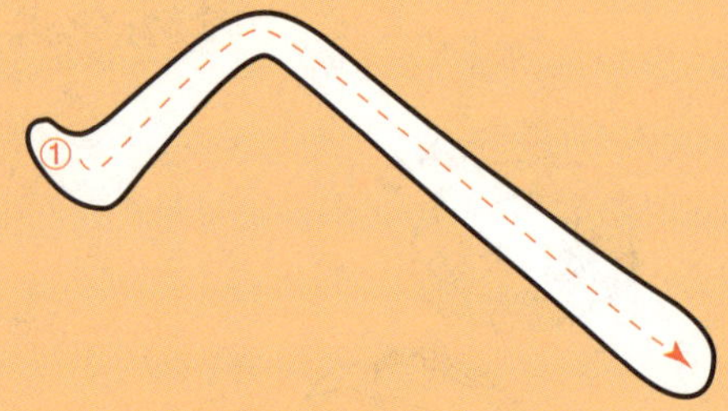

헤[he]

발음 ヘ는 우리말 '헤'와 발음이 거의 같습니다. 히라가나와 가타카나 모양이 똑같은 글자입니다.

써 봐요 ヘ

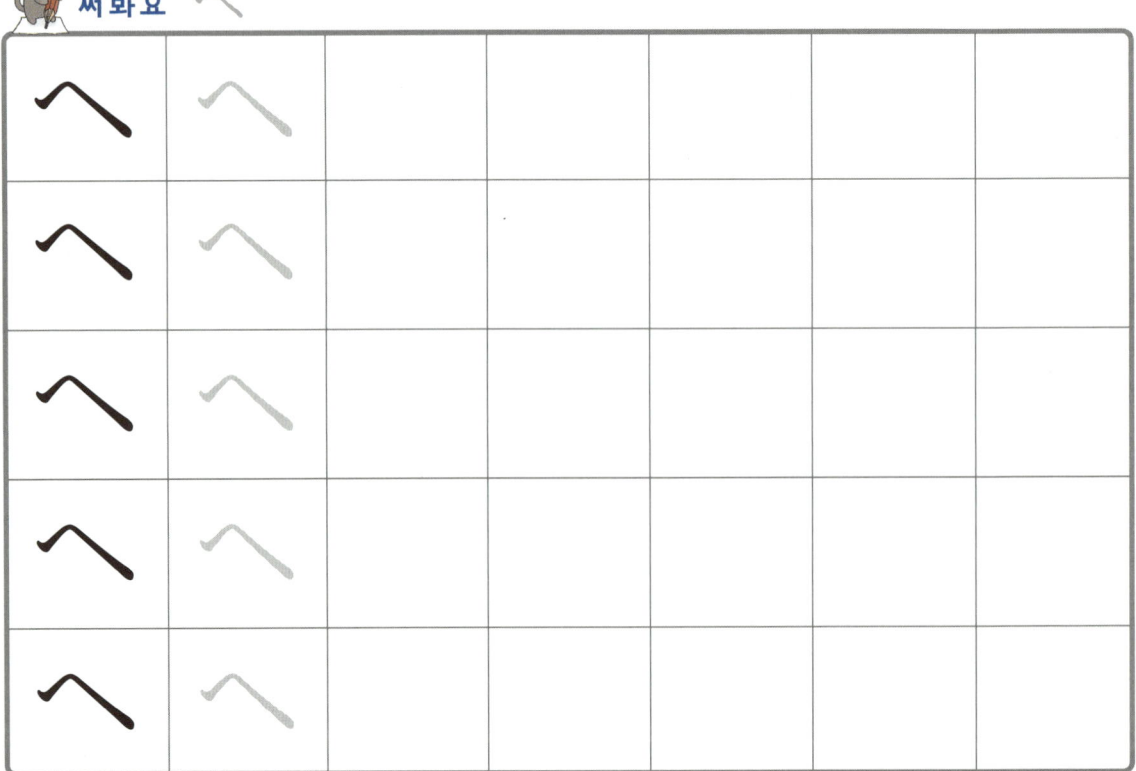

호 - 무
ホーム [ho:mu] 홈, 집

호[ho]

ホ는 우리말 '호'와 발음이 거의 같습니다.

써봐요 一 十 才 ホ

ホ	ホ				
ホ	ホ				
ホ	ホ				
ホ	ホ				
ホ	ホ				

マ행 マ ミ ム メ モ

히라가나로는 이렇게
ま み む め も

★ 대사를 읽고 일본어 글자의 발음이 무엇인지 맞춰보세요.

マ 사지 받고

ミ 장원에 가서

ム 지 예쁘게 머리한 다음,

メ 이크업을 하고

モ 델 일을 하러 갑니다.

マート [ma:to] 마트

마[ma]

マ는 우리말 '마'와 발음이 거의 같습니다.

써봐요 マ マ

マ	マ				
マ	マ				
マ	マ				
マ	マ				
マ	マ				

ミス[misu] 미스, 실수

미[mi]

ミ는 우리말 '미'와 발음이 거의 같습니다.

써봐요

ム ー ス
ムース[mu:su] 무스

무[mu]

ム는 우리말 '무'와 발음이 거의 같습니다.

발음

써봐요 ム ム

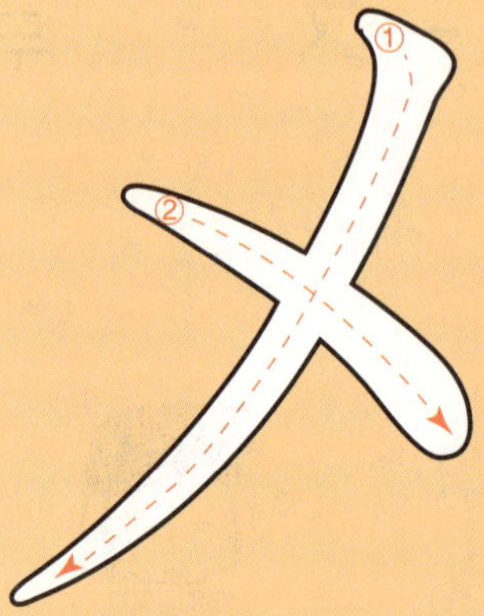

メーク [me:ku] 메이크, 화장

メ [me]

> メ는 우리말 '메'와 발음이 거의 같습니다.

발음

써봐요 ノ メ

モニター
モ ニ タ ー
[monit a:] 모니터

모[mo]

모는 우리말 '모'와 발음이 거의 같습니다.
발음

써봐요 一 二 モ

モ	モ				
モ	モ				
モ	モ				
モ	モ				
モ	モ				

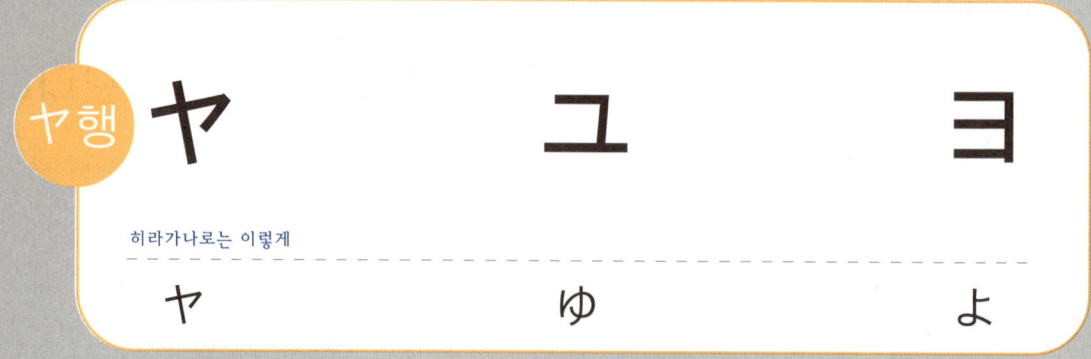

★ 대사를 읽고 일본어 글자의 발음이 무엇인지 맞춰보세요.

니야니야
ニヤニヤ [niyaniya]   히쭉히쭉
싱글싱글

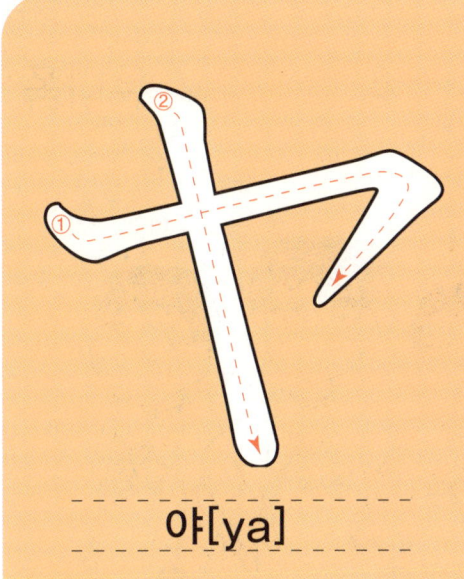

야[ya]

 발음   ヤ는 우리말 '야'와 발음이 같습니다.

써봐요 ㄱ ヤ

ヤ	ヤ				
ヤ	ヤ				
ヤ	ヤ				
ヤ	ヤ				
ヤ	ヤ				

ユニホーム [yunih o:mu] 유니폼

유[yu]

발음 그는 우리말 '유'와 거의 같지만, 입술을 앞으로 내밀지 않고 발음합니다.

써봐요 ㄱ ㅡ

グ	グ				
グ	グ				
グ	グ				
グ	グ				
グ	グ				

요 - 요 -
ㅋ-ㅋ- [yo:yo:] 요요

요[yo]

발음 ㅋ는 우리말 '요'와 거의 같지만, 입술을 앞으로 내밀지 않고 발음합니다.

써봐요 ㄱ ㅋ ㅋ

ㅋ	ㅋ				
ㅋ	ㅋ				
ㅋ	ㅋ				
ㅋ	ㅋ				
ㅋ	ㅋ				

ラ행 ラ リ ル レ ロ

히라가나로는 이렇게

ら　　り　　る　　れ　　ろ

★ 대사를 읽고 일본어 글자의 발음이 무엇인지 맞춰보세요.

ラ이트윙의

눈부신 활약으로

リ드하고 있는
ル마니아 팀입니다만,

レ바논 팀이

ロ빙볼을 따냅니다.

ライター [raita:] 라이터

라[ra]

ラ는 우리말 '라'와 발음이 거의 같습니다.

써봐요 ラ

리 스 토
リスト [risuto] 리스트, 목록

리[ri]

리는 우리말 '리'와 발음이 거의 같습니다.

써봐요 ｜ リ

リ	リ				
リ	リ				
リ	リ				
リ	リ				
リ	リ				

루 - 루
ルール [ru:ru] 룰, 규칙

루[ru]

발음 ル는 우리말 '루'와 발음이 거의 같습니다.

🐭 **써봐요** ノ ル

ル	ル					
ル	ル					
ル	ル					
ル	ル					
ル	ル					

レール [re:ru] 레일, 철길

レ
레[re]

レ는 우리말 '레'와 발음이 거의 같습니다.

써봐요 レ

レ	レ				
レ	レ				
レ	レ				
レ	レ				
レ	レ				

ロシア [rosia] 러시아

ロ

로[ro]

ロ는 우리말 '로'와 발음이 거의 같습니다.

써봐요 ㅣ ㄱ ロ

와 이 후
ワイフ [waihu] 와이프, 아내

와[wa]

발음 ワ는 우리말 '와'와 비슷하지만, 입 모양을 크게 바꾸지 않고 부드럽게 발음하는 것이 자연스럽습니다.

써봐요

조사로만 쓰이는 글자인데, 가타카나 쪽은 거의 쓰지 않습니다.

ワイン [wain] 와인

응[n]

발음 ン은 '응'이라고 읽지만, 낱말의 처음에 오는 경우는 극히 드물고, 다른 음 뒤에 붙어서 'ㅁ, ㄴ, ㅇ'으로 발음됩니다. ソ와 모양이 비슷하니, 혼동하지 않도록 주의하세요.

써봐요 ン

ン	ン					
ン	ン					
ン	ン					
ン	ン					
ン	ン					

 ## 혼동하기 쉬운 가타카나

[si] シ	[tsu] ツ
[so] ソ	[n] ン
[ko] コ	[yu] ユ
[ku] ク	[ke] ケ
[u] ウ	[wa] ワ

03 탁음과 반탁음
濁音 & 半濁音

탁음(濁音)은 성대가 울리는 소리를 말하며 か・さ・た・は행에서만 나타납니다. 문자 오른쪽 윗부분에 탁점⟨ ゛⟩을 찍어서 표기합니다. 반탁음(半濁音)은 は행에만 있으며, 반탁점⟨ ゜⟩을 붙여 표기합니다.

が행

が	ぎ	ぐ	げ	ご
가	기	구	게	고
[ga]	[gi]	[gu]	[ge]	[go]

해설 앞에서 배운 청음 か・き・く・け・こ에 탁점(゛)을 붙이면 'ㅋ'이 전부 'ㄱ'으로 변해 が[ga]・ぎ[gi]・ぐ[gu]・げ[ge]・ご[go]가 됩니다. 이 が행음이 낱말 첫머리에 올 경우는 카로 들릴 수 있으니 의식적으로 앞에 '으'를 넣는 기분으로 '(으)가, (으)기, (으)구, (으)게, (으)고'로 발음하는 게 좋습니다.

が	が			
ぎ	ぎ			
ぐ	ぐ			
げ	げ			
ご	ご			

관련 낱말
- がくせい [gakse:] 학생
- めがね [megane] 안경
- かぎ [kagi] 열쇠
- かぐ [kagu] 가구
- げた [geta] 나막신
- ごご [gogo] 오후
- あご [ago] 턱
- かご [kago] 바구니

| ざ행 | ざ 자 [za] | じ 지 [zi] | ず 즈 [zu] | ぜ 제 [ze] | ぞ 조 [zo] |

해설 앞에서 배운 さ・し・す・せ・そ에 탁점을 붙이면 'ㅅ'이 전부 'ㅈ'으로 변해 ざ[za]・じ[zi]・ず[zu]・ぜ[ze]・ぞ[zo]가 됩니다.

ざ	ざ				
じ	じ				
ず	ず				
ぜ	ぜ				
ぞ	ぞ				

관련 낱말

- ざる [zaru] 소쿠리
- さじ [sazi] 숟가락
- しじ [sizi] 지시
- せいじ [se:zi] 정치
- ちず [chizu] 지도
- すずめ [suzume] 참새
- かぜ [kaze] 바람
- かぞく [kazoku] 가족
- ぞう [zo:] 코끼리

だ행

だ	ぢ	づ	で	ど
다	지	즈	데	도
[da]	[zi]	[zu]	[de]	[do]

해설 앞에서 배운 た・ち・つ・て・と에 탁점을 붙이면 だ[da]・ぢ[zi]・づ[zu]・で[de]・ど[do]가 됩니다.

だ	だ			
ぢ	ぢ			
づ	づ			
で	で			
ど	ど			

관련 낱말

- だいこん [daikon] 무
- ただ [tada] 무료, 단
- はなぢ [hanazi] 코피
- こづつみ [kozutsumi] 소포
- でんわ [denwa] 전화
- どうぐ [do:gu] 도구
- どんぐり [donguri] 도토리
- たいど [taido] 태도

| ば행 | ば
바
[ba] | び
비
[bi] | ぶ
부
[bu] | べ
베
[be] | ぼ
보
[bo] |

해설 앞에서 배운 は・ひ・ふ・へ・ほ에 탁점을 붙이면 'ㅎ'이 전부 'ㅂ'으로 변해 ば[ba]・び[bi]・ぶ[bu]・べ[be]・ぼ[bo]가 됩니다.

ば	ば				
び	び				
ぶ	ぶ				
べ	べ				
ぼ	ぼ				

관련 낱말

- ばか [baka] 바보
- ばら [bara] 장미
- かばん [kaban] 가방
- へび [hebi] 뱀
- ぶた [buta] 돼지
- べんとう [bento:] 도시락
- かべ [kabe] 벽
- つぼ [tsubo] 항아리

ぱ행	ぱ 파 [pa]	ぴ 피 [pi]	ぷ 푸 [pu]	ぺ 페 [pe]	ぽ 포 [po]

해설

앞에서 배운 は・ひ・ふ・へ・ほ에 반탁점〈 ゜〉을 붙이면 'ㅎ'이 전부 'ㅍ'이나 'ㅃ'으로 변해 ぱ[pa]・ぴ[pi]・ぷ[pu]・ぺ[pe]・ぽ[po]가 됩니다. ぱ행의 발음은 말머리에서는 'ㅍ'음이 되지만, 말 중간이나 말 끝에 오면 'ㅃ'음이 됩니다.

ぱ	ぱ				
ぴ	ぴ				
ぷ	ぷ				
ぺ	ぺ				
ぽ	ぽ				

관련 낱말

- ぱくぱく [pakupaku] 빠끔빠끔
- ぴかぴか [pikapika] 반짝반짝
- ぷかぷか [pukapuka] 뻑뻑(담배를 연달아 피우는 모양)
- ぺたぺた [petapeta] 찰싹찰싹
- ぽかぽか [pokapoka] 따끈따끈
- いっぱい [ippai] 가득
- えんぴつ [empisu] 연필
- ほっぺた [hoppeta] 뺨
- むてっぽう [muteppo:] 무모함

ガ행	ガ 가 [ga]	ギ 기 [gi]	グ 구 [gu]	ゲ 게 [ge]	ゴ 고 [go]

해설 앞에서 배운 カ・キ・ク・ケ・コ에 탁점을 붙이면 'ㅋ'이 전부 'ㄱ'으로 바뀝니다. 이 ガ행 음이 낱말 첫머리에 올 경우는 카로 들릴 수 있으니 의식적으로 앞에 '으'를 넣는 기분으로 '(으)가, (으)기, (으)구, (으)게, (으)고'로 발음하는 게 좋습니다.

ガ	ガ			
ギ	ギ			
グ	グ			
ゲ	ゲ			
ゴ	ゴ			

관련 낱말

- ガム [gamu] 껌
- ガス [gasu] 가스
- ギター [gita:] 기타
- グラフ [gurahu] 그래프
- ゴースト [go:suto] 고스트, 유령
- ガラス [garasu] 유리
- ギア [gia] 기어
- ギプス [gipusu] 깁스, 석고 붕대
- ゲーム [ge:mu] 게임
- ゴルフ [goruhu] 골프

| ザ행 | ザ
자
[za] | ジ
지
[zi] | ズ
즈
[zu] | ゼ
제
[ze] | ゾ
조
[zo] |

해설

앞에서 배운 サ・シ・ス・セ・ソ에 탁점을 붙이면 'ㅅ'이 전부 'ㅈ'으로 변해 ザ[za]・ジ[zi]・ズ[zu]・ゼ[ze]・ゾ[zo]가 됩니다.

ザ	ザ			
ジ	ジ			
ズ	ズ			
ゼ	ゼ			
ゾ	ゾ			

관련 낱말

- モザイク [mozaiku] 모자이크
- ジグザグ [ziguzagu] 지그재그
- チーズ [chi:zu] 치즈
- ゼミナール [zemina:ru] 세미나
- クレゾール [kurezo:ru] 크레졸, 소독약
- ジープ [zi:pu] 지프
- エジプト [eziputo] 이집트
- ローズ [ro:zu] 로즈, 장미
- ゼロ [zero] 제로

| ダ행 | ダ 다 [da] | ヂ 지 [zi] | ヅ 즈 [zu] | デ 데 [de] | ド 도 [do] |

해설

앞에서 배운 タ・チ・ツ・テ・ト에 탁점을 붙이면 ダ[da]・ヂ[zi]・ヅ[zu]・デ[de]・ド[do]가 됩니다.

ダ	ダ				
ヂ	ヂ				
ヅ	ヅ				
デ	デ				
ド	ド				

관련 낱말

- ダイヤモンド [daiyamondo] 다이아몬드
- デート [de:to] 데이트
- クーデター [ku:deta:] 쿠데타
- ドーナツ [do:natsu] 도너츠
- レコード [reko:do] 레코드
- サイダー [saida:] 사이다
- デザイナー [dezaina:] 디자이너
- モデル [moderu] 모델
- カード [ka:do] 카드

133

バ행

バ	ビ	ブ	ベ	ボ
바 [ba]	비 [bi]	부 [bu]	베 [be]	보 [bo]

해설

앞에서 배운 ハ・ヒ・フ・ヘ・ホ에 탁점을 붙이면 'ㅎ'이 전부 'ㅂ'으로 변해 バ[ba]・ビ[bi]・ブ[bu]・ベ[be]・ボ[bo]가 됩니다.

バ	バ			
ビ	ビ			
ブ	ブ			
ベ	ベ			
ボ	ボ			

관련 낱말

- バイオリン [baiorin] 바이올린
- ビール [bi:ru] 맥주
- テーブル [te:buru] 테이블
- ベンチ [benchi] 벤치
- ズボン [zubon] 바지
- クローバー [kuro:ba:] 클로버
- ブーケ [bu:ke] 부케
- ドライブ [doraibu] 드라이브
- ボート [bo:to] 보트
- リボン [ribon] 리본

パ행	パ 파 [pa]	ピ 피 [pi]	プ 푸 [pu]	ペ 페 [pe]	ポ 포 [po]

 **해설** 앞에서 배운 ハ・ヒ・フ・ヘ・ホ에 반탁점을 붙이면 'ㅎ'이 전부 'ㅍ'이나 'ㅃ'으로 되어 パ[pa]・ピ[pi]・プ[pu]・ペ[pe]・ポ[po]가 됩니다. パ행의 발음은 말머리에서는 'ㅍ'음이 되지만, 말 중간이나 말 끝에 오면 'ㅃ'음이 됩니다.

パ	パ				
ピ	ピ				
プ	プ				
ペ	ペ				
ポ	ポ				

 관련 낱말

- パイプ [paipu] 파이프
- デパート [depa:to] 백화점
- プール [pu:ru] 풀, 수영장
- ページ [pe:zi] 페이지
- ポテト [poteto] 포테이토, 감자
- アパート [apa:to] 아파트
- ピアノ [piano] 피아노
- エプロン [epuron] 앞치마
- ペン [pen] 펜

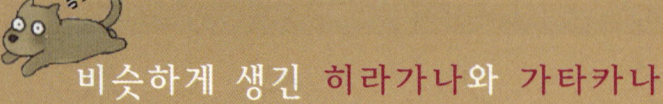
비슷하게 생긴 히라가나와 가타카나

[ka] か	[ka] カ
[ki] き	[ki] キ
[ko] こ	[ni] ニ
[he] へ	[he] ヘ
[ya] や	[ya] ヤ

04 요음
拗音

요음(拗音)은 き·ぎ·し·じ·ち·に·ひ·び·ぴ·み·り 글자 다음에 작게 ゃ·ゅ·ょ를 표기하여 한 음절로 발음하는 것을 말합니다. 이 ゃ·ゅ·ょ는 우리말의 'ㅑ, ㅠ, ㅛ'에 해당되는데, 단독으로는 쓰지 않고 항상 다른 음과 함께 어울려서 씁니다.

きゃ・きゅ・きょ 발음

きゃ   きゅ   きょ
캬・꺄 [kya]   큐・뀨 [kyu]   쿄・꾜 [kyo]
キャ   キュ   キョ

해설 きゃ・きゅ・きょ의 발음은 '캬・큐・쿄'와 '꺄・뀨・꾜'의 중간음이지만, 일반적으로 '캬・큐・쿄'로 발음합니다.

きゃ	きゃ		
キャ	キャ		
きゅ	きゅ		
キュ	キュ		
きょ	きょ		
キョ	キョ		

관련 낱말
- きゃく [kyaku] 손님
- きゅうり [kyu:ri] 오이
- きょうかい [kyo:kai] 교회
- キャベツ [kyabetsu] 양배추
- バーベキュー [ba:bekyu:] 바베큐

ぎゃ・ぎゅ・ぎょ 발음

ぎゃ	ぎゅ	ぎょ
갸 [gya]	규 [gyu]	교 [gyo]
ギャ	ギュ	ギョ

해설 ぎゃ・ぎゅ・ぎょ의 발음은 우리말로 정확히 표기할 수는 없지만, 목의 성대를 울리면서 '갸・규・교'라고 발음하면 됩니다.

ぎゃ	ぎゃ		
ギャ	ギャ		
ぎゅ	ぎゅ		
ギョ	ギョ		
ぎょ	ぎょ		
ギュ	ギュ		

관련 낱말
- ギャグ [gyagu] 개그
- ギャンブル [gyamburu] 도박
- ぎゅうにゅう [gyu:nyu:] 우유
- ギョーザ [gyo:za] 중국식 만두
- きんぎょ [kingyo] 금붕어
- しょくぎょう [syokugyo:] 직업

しゃ・しゅ・しょ 발음

しゃ	しゅ	しょ
샤 [sya]	슈 [syu]	쇼 [syo]
シャ	シュ	ショ

 しゃ・しゅ・しょ의 발음은 우리말의 '샤・슈・쇼'와 거의 같습니다.

しゃ	しゃ		
シャ	シャ		
しゅ	しゅ		
シュ	シュ		
しょ	しょ		
ショ	ショ		

관련 낱말

- いしゃ [isya] 의사
- かしゅ [kasyu] 가수
- しょうご [syo:go] 정오
- ワイシャツ [waisyatsu] 와이셔츠
- シューズ [syu:zu] 슈즈, 신발
- マンション [mansyon] 맨션

じゃ・じゅ・じょ 발음

じゃ
쟈 [zya]
ジャ

じゅ
쥬 [zyu]
ジュ

じょ
죠 [zyo]
ジョ

じゃ・じゅ・じょ의 발음은 우리말로 정확히 표기할 수는 없지만, 목의 성대를 올리면서 '쟈・쥬・죠'라고 발음하면 됩니다.

じゃ	じゃ		
ジャ	ジャ		
じゅ	じゅ		
ジュ	ジュ		
じょ	じょ		
ジョ	ジョ		

관련 낱말

- じゃり [zyari] 자갈
- じゅず [zyuzu] 염주
- じょうぎ [zyo:gi] 자
- ジャム [zyamu] 잼
- ルージュ [ru:zyu] 루즈

ちゃ・ちゅ・ちょ 발음

ちゃ	ちゅ	ちょ
챠 [cha]	츄 [chu]	쵸 [cho]
チャ	チュ	チョ

해설

ちゃ[cha]・ちゅ[chu]・ちょ[cho]의 발음은 우리말의 '챠・츄・쵸'에 가까운 발음입니다.

ちゃ	ちゃ		
チャ	チャ		
ちゅ	ちゅ		
チュ	チュ		
ちょ	ちょ		
チョ	チョ		

관련 낱말

- ちゃわん [chawan] 밥공기
- ちゅうしゃ [chu:sya] 주사
- ちょう [cho:] 나비
- チャイナ [chaina] 중국
- チューブ [chu:bu] 튜브
- チョコレート [chokore:to] 초콜릿

にゃ・にゅ・にょ 발음

にゃ
냐 [nya]
ニャ

にゅ
뉴 [nyu]
ニュ

によ
뇨 [nyo]
ニョ

해설

にゃ[nya]・にゅ[nyu]・にょ[nyo]의 발음은 우리말의 '냐・뉴・뇨'와 같습니다.

にゃ	にゃ		
ニャ	ニャ		
にゅ	にゅ		
ニュ	ニュ		
によ	によ		
ニョ	ニョ		

관련 낱말

- こんにゃく [konnyaku] 구약나물
- にゅうがく [nyu:gaku] 입학
- ニュース [nyu:su] 뉴스
- ニュータイプ [nyu:taipu] 뉴타입
- メニュー [menyu:] 메뉴
- なんにょ [nannyo] 남녀

ひゃ・ひゅ・ひょ 발음

ひゃ	ひゅ	ひょ
햐 [hya]	휴 [hyu]	효 [hyo]
ヒャ	ヒュ	ヒョ

해설

ひゃ[hya]・ひゅ[hyu]・ひょ[hyo]의 발음은 우리말의 '햐・휴・효'와 거의 같습니다.

ひゃ	ひゃ		
ヒャ	ヒャ		
ひゅ	ひゅ		
ヒュ	ヒュ		
ひょ	ひょ		
ヒョ	ヒョ		

관련 낱말
- ひゃく [hyaku] 백(100)
- ヒューマン [hyu:man] 휴먼, 인간적
- ひょうたん [hyo:tan] 호리병박
- ヒューズ [hyu:zu] 퓨즈
- ひょうか [hyo:ka] 평가

びゃ・びゅ・びょ 발음

びゃ   びゅ   びょ
뱌 [bya]   뷰 [byu]   뵤 [byo]
ビャ   ビュ   ビョ

 びゃ[bya]・びゅ[byu]・びょ[byo]의 발음은 우리말로 정확히 표기할 수는 없지만, '뱌・뷰・뵤'를 성대를 울리면서 발음하면 됩니다.

びゃ	びゃ		
ビャ	ビャ		
びゅ	びゅ		
ビュ	ビュ		
びょ	びょ		
ビョ	ビョ		

 관련 낱말
- さんびゃく [sambyaku] 삼백(300)
- インタビュー [intabyu:] 인터뷰
- びょうき [byo:ki] (몸의) 병
- ビュッフェ [byupfe] 뷔페
- びょういん [byo:in] 병원

145

ぴゃ・ぴゅ・ぴょ 발음

ぴゃ	ぴゅ	ぴょ
퍄·뺘 [pya]	퓨·쀼 [pyu]	표·뽀 [pyo]
ピャ	ピュ	ピョ

해설 ぴゃ[pya]·ぴゅ[pyu]·ぴょ[pyo]의 발음은 우리말의 '뺘·쀼·뽀'를 성대를 울리면서 발음하면 됩니다.

ぴゃ	ぴゃ		
ピャ	ピャ		
ぴゅ	ぴゅ		
ピュ	ピュ		
ぴょ	ぴょ		
ピョ	ピョ		

관련 낱말
- ろっぴゃく [roppyaku] 육백(600)
- ピューマ [pyu:ma] 퓨마
- コンピューター [kompyu:ta:] 컴퓨터
- ぴょんぴょん [pyonpyon] 깡총깡총

みゃ・みゅ・みょ 발음

みゃ	みゅ	みょ
먀 [mya]	뮤 [myu]	묘 [myo]
ミャ	ミュ	ミョ

해설

みゃ[mya]・みゅ[myu]・みょ[myo]는 우리말의 '먀・뮤・묘'와 같습니다.

みゃ	みゃ		
ミャ	ミャ		
みゅ	みゅ		
ミュ	ミュ		
みょ	みょ		
ミョ	ミョ		

관련 낱말

- みゃくらく [myakuraku] 맥락
- みょうぎ [myo:gi] 묘기
- ミュージック [mu:zikku] 뮤직, 음악
- みょうじ [myo:zi] 성씨(姓)

りゃ・りゅ・りょ 발음

りゃ	りゅ	りょ
랴 [rya]	류 [ryu]	료 [ryo]
リャ	リュ	リョ

해설

りゃ[rya]・りゅ[ryu]・りょ[ryo]의 발음은 우리말의 '랴・류・료'와 비슷합니다.

りゃ	りゃ		
リャ	リャ		
りゅ	りゅ		
リュ	リュ		
りょ	りょ		
リョ	リョ		

관련 낱말

- りゃくず [ryakuzu] 약도
- りょうし [ryo:si] 어부
- リューマチ [ryu:machi] 류머티즘
- りょうり [ryo:ri] 요리

05 쓰기 연습
書く練習

지금까지 배운 솜씨로 실제 일본어 낱말을 써봅시다.

あなご	[anago]	붕장어
うどん	[udon]	우동
おでん	[oden]	어묵
さしみ	[sasimi]	생선회
しゃぶしゃぶ	[syabusyabu]	샤브샤브
たくあん	[takuan]	단무지
たまねぎ	[tamanegi]	양파
ちゃんぽん	[champon]	짬뽕
てんぷら	[tempura]	튀김
わさび	[wasabi]	고추냉이

カラオケ [karaoke] 노래방	カラオケ
キス [kisu] 키스	キス
ケーキ [ke:ki] 케이크	ケーキ
サイン [sain] 사인, 서명	サイン
タクシー [taksi:] 택시	タクシー
ネクタイ [nektai] 넥타이	ネクタイ
ノート [no:to] 노트	ノート
パンク [panku] 펑크	パンク
モニター [monita:] 모니터	モニター
ラーメン [ra:men] 라면	ラーメン

ありがとうございます。 고맙습니다.
ありがとうございます。

すみません。 죄송합니다. / 실례합니다.
すみません。

だいじょうぶです。 괜찮습니다.
だいじょうぶです。

どうも。 고맙습니다. / 미안합니다. / 실례합니다.
どうも。

はじめまして。 처음 뵙겠습니다.
はじめまして。